W0394267

Un cas per a tu

...i la Penya dels Tigres

Primera edició: març de 2002

Direcció literària: Montse Ingla Mas
Edició: Núria Font i Ferré
Traducció: Aida Aragon i Altarriba
Il·lustracions i coberta: Werner Heymann
Disseny de la coberta: Estudi SM

Títol original: *Internet-Banditen*
© 2000, Egmont Franz Schneider Verlag GmbH
© 2002, Editorial Cruïlla
Balmes, 245 - 08006 Barcelona
editorial@cruilla.com

Comercialitza: CESMA, SA
Catalunya i Balears: tel. 936 308 400
fax 936 308 750
cruilla.cesma@grupo-sm.com
C. Valenciana: tel. 963 498 087
fax 963 474 836

ISBN: 84-661-0367-8
DL: M-11405-2002
Imprès a Espanya / *Printed in Spain*
Impremta SM

Prohibida la reproducció total o parcial d'aquest llibre a través de qualsevol mitjà (electrònic, mecànic, informàtic...), sense el permís previ i per escrit dels titulars del copyright.

Thomas Brezina

Un cas per a tu i

LA PENYA DELS TIGRES

Els pirates d'internet

Il·lustracions de Werner Heymann

Traducció d'Aida Aragon

editorial cruïlla

Hola! Som la Penya dels Tigres!

Virgi – Constant com un tigre
Lluc – Llest com un tigre
Pau – Fort com un tigre
_____________ - ________ com un tigre
(el teu nom)

Nom: Pau
Edat: 12
El meu fort: abans estava gras, ara sóc musculós. M'entreno cada dia. Hi ha qui diu que no sóc gaire llest. Són ganes de parlar!
El meu problema més gran: a vegades em domina la por! No ho digueu a ningú!
Trobo fantàstic: les pel·lícules d'acció, les coses que fan riure, l'esport, el meu conill Beni.
Tret identificatiu: gairebé sempre porto un xandall.

Nom: Virgi (en realitat, Virgínia)
Edat: 12
El meu fort: col·lecciono tota mena de coses i m'agrada ser jo qui talla el bacallà. A vegades els nois són una miqueta aturats!
El meu problema més gran: sóc molt tossuda i això sovint treu de polleguera els altres!
Trobo fantàstic: la roba xul·la, el gelat d'avellanes, les llaminadures, cuinar, els cavalls.
Tret identificatiu: sempre tinc a mà alguna cosa per picar.

Nom: Lluc
Edat: 11
El meu fort:
tinc deliri pels experiments, els ordinadors i tota mena d'aparells teledirigits. Fins i tot he construït una nevera voladora!
El meu problema més gran: al meu voltant regna sempre el caos més absolut! Sempre estic buscant alguna cosa.
Trobo fantàstic: les hamburgueses, els llibres que tracten de temes interessants (víkings, invents i coses així), la meva agenda ordinador, que he anat retocant fins a convertir-la en una meravella.
Tret identificatiu: no vaig enlloc sense la meva cartera de detectiu.

Ara tu ets un de nosaltres!
Presenta't, sisplau:

Enganxa una fotografia teva

Nom: ____________________
____
Edat: ____________________
El meu fort: ____________
____
____
____
El meu problema més gran: _______________
____
____
Trobo fantàstic: ____________________________
____
____
Tret identificatiu: __________________________
____
____

Ara mateix començarà un nou cas per a tu i per a nosaltres!

MOLT IMPORTANT

Tu també pots participar en la nostra aventura. Al llarg del llibre, trobaràs preguntes que, amb el teu bon olfacte i enginy, podràs contestar.

Les preguntes estan marcades així:

Rumia bé i trobaràs la resposta correcta! A l'agenda ordinador d'en Lluc podràs comprovar si tens raó. Posa-hi el descodificador de la Penya dels Tigres al damunt, i fes-lo girar fins que hi puguis llegir la solució.

El descodificador i tot el que necessitis per al cas ho trobaràs en un sobre especial al final del llibre!

Recorda: Posa't un punt a la fitxa cada vegada que encertis la solució! La fitxa la trobaràs a la pàgina 124.

I ara, vinga, som-hi!

ÍNDEX

Una sensació estranya

EN PAU, la Virgi i en Lluc estaven molt capficats. A més, els tres amics que formaven la Penya dels Tigres feien cara de pomes agres. Estaven asseguts a la classe i donaven voltes i més voltes a uns deures de matemàtiques molt difícils.

–N'heu acabat algun? –va preguntar en Pau en veu baixa.

En Lluc, que era ben bé un geni de les matemàtiques, va dir:

–Cap ni un. Aquests deures són horrorosos.

–Tot això és culpa vostra –va xiuxiuejar la Virgi, tota enfadada–. Perquè sou uns dormilegues i sempre se us enganxen els llençols.

Els nois van callar de cop. La Virgi tenia tota la raó.

Tots tres quedaven cada dia per anar junts cap a l'escola. Quan feia bon temps hi anaven amb bicicleta, i quan plovia agafaven l'autobús.

Però durant tota la setmana anterior o en Lluc o en Pau sempre arribaven tard al seu punt de trobada. Per aquest motiu, la Penya dels Tigres va arribar a l'escola després que sonés el timbre tres vegades seguides.

A la porta sempre hi havia el senyor Sena, el professor de matemàtiques, que no suportava la gent que feia tard. El primer dia només els va renyar una mica, però la tercera vegada els va castigar. La Penya dels Tigres havia de quedar-se a la tarda i ell els posava set operacions per fer. S'hi van estar trencant les banyes més d'una hora, però no hi havia manera.

El senyor Sena seia a la seva taula i llegia el diari.

—Ara torno –els va dir al cap d'una estona, i va marxar de la classe.

En Lluc va llançar una mirada maliciosa a l'ordinador, que estava al costat de la porta. Amb l'ajuda de l'ordinador allò estaria fet en un moment.

Sense pensar-s'ho gaire, en Lluc va acostar-s'hi sense fer soroll i el va engegar. En Pau i la Virgi li van dir que no ho fes, però ell no els va fer ni cas.

En Lluc va començar a teclejar de pressa.

–Què fas? –va preguntar fluixet en Pau.

–Li envio els deures per correu electrònic al Mateu Torras, el meu veí. Dóna classes de repàs de matemàtiques i segur que ens donarà un cop de mà.

–Deixa-ho estar –va murmurar en Pau.

–Si el senyor Sena torna i ens enganxa segur que s'enfadarà de valent.

La Virgi es va posar de puntetes per mirar per la finestra de la porta i vigilar el passadís.

–No passa res –els va dir–, el senyor Sena segurament deu estar al lavabo. No ens pot veure de cap manera.

Tot i així, en Pau va tenir una sensació estranya.

Hi ha algun motiu que faci que en Pau se senti incòmode?

El personatge de la pantalla

EN PAU va intentar que els altres dos Tigres s'adonessin que algú els observava, però no li feien cas. La Virgi i en Lluc miraven fixament la pantalla i esperaven ansiosament la resposta d'en Mateu Torras.

–Ei, hi ha algú a la finestra! –va cridar en Pau.

Tots dos es van girar esbufegant de mala manera.

–En Lluc es va tornar a girar.

–Veus visions, aquí no hi ha pas ningú.

Aleshores, en Pau va obrir uns ulls com unes taronges. En Lluc tenia raó, no hi havia cap rastre del periscopi que acabava de veure. El Tigre va fer un bot tan de sobte que va fer tombar la cadira. Va recollir-la de terra i va fer un bon terrabastall.

La classe estava situada a la planta baixa. En Pau anava vigilant la finestra, però no va poder descobrir ningú. I si s'havia equivocat?

–Quanta estona més necessita aquest professor de repàs? –va queixar-se la Virgi, que ja estava impacient–. El senyor Sena deu estar a punt de venir.

De sobte, la pantalla de l'ordinador va tornar-se negra.

–Mira que ets burro, l'has desendollat! –va dir-li la Virgi al Lluc.

–I tu més –s'hi va tornar en Lluc.

Es va ajupir i va fer una ullada al cable; estava perfectament endollat.

–Què ha passat aquí? –va dir tot sorprès.

Llavors es van començar a sentir uns sons molt greus, com els d'un orgue.

Els Tigres es van mirar els uns als altres sense poder dir res. En Lluc es va tirar enrere de cop. La Virgi també va enretirar la cadira. En Pau estava dret enmig de tots dos i va acostar-se al respatller de la cadira.

Primer només s'hi veia un cercle ovalat de color verd. I de mica en mica va anar apareixent una boca, un nas i cabells. Portava una màscara negra als ulls.

–Eh? –en Lluc es va espantar.

A més de la cara, també va aparèixer el cos, amb una camisa, una corbata i una americana de color violeta. Una mà verdosa i ossuda va colpejar des de dins la pantalla de l'ordinador. Els cops contra el vidre se sentien clarament. En Lluc i la Virgi van retrocedir uns quants passos més.

–Com... com pot ser que passi això? –va dir en Lluc.

L'aparició misteriosa va començar a parlar amb una veu molt greu:

–Ho veig tot, ho sento tot i ho sé tot.

Els Tigres es van quedar bocabadats, no s'ho podien creure.

–Heu anat massa lluny –els va amenaçar el personatge.

–A partir d'ara faré servir els meus poders contra vosaltres. Sereu els meus esclaus.

En Pau va empassar saliva.

–Lluc, digues alguna cosa. Què és això?

El geni de la tecnologia de la Penya dels Tigres només hi trobava una explicació:

–Aquest home deu haver-se colat per internet, estem connectats.

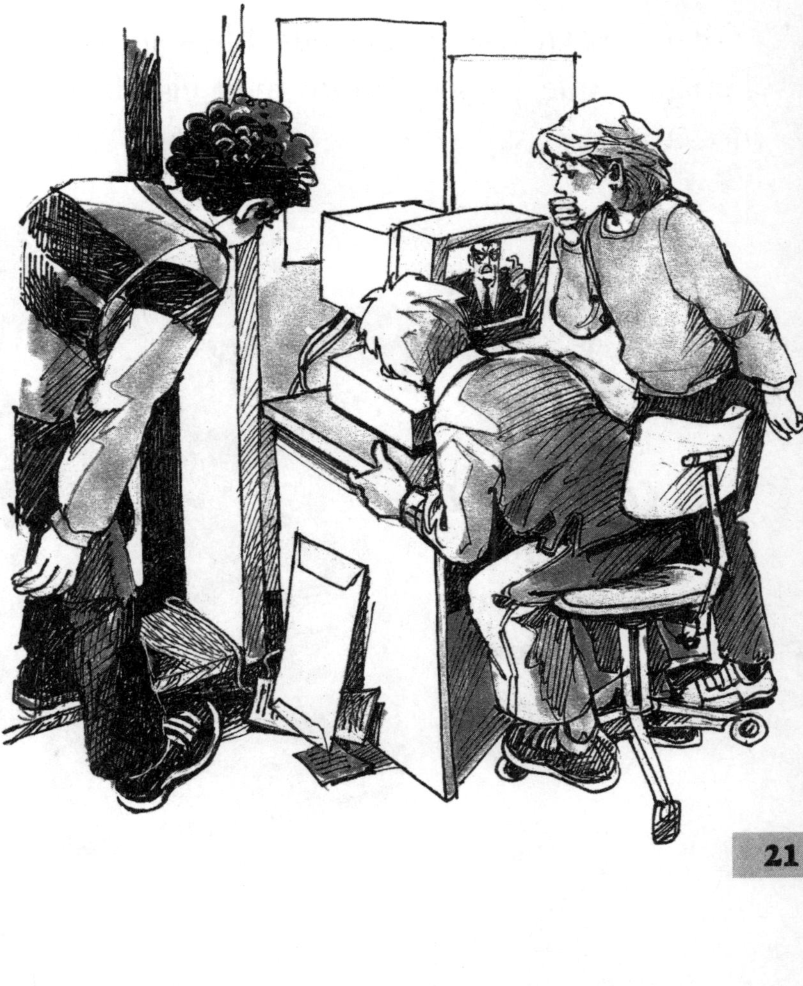

La Virgi estava desconcertada.

–És veritat que ens pot veure? Com és que ha parlat com si estigués ajupit darrere la pantalla?

En Lluc no tenia resposta a aquelles preguntes.

En Pau va trobar una possible solució a l'enigma que va sorprendre molt els altres dos amics.

Pregunta per a tu

Quina és la possible solució de l'enigma?

El professor bromista

–QUÈ ÉS tot aquest muntatge? –va queixar-se en Lluc.

Estava força empipat, perquè a ell li havia passat per alt aquella solució tan fàcil per a l'enigma. Aquest tipus d'errors no els oblidava fàcilment.

–Però a l'escola no hi queda ningú –va dir la Virgi en veu baixa.

En Pau estava molt satisfet del seu descobriment i va dir:

–Només hem de seguir el cable per saber si de veritat algú se'ns ha colat a l'ordinador o no.

La Virgi i en Lluc van fer que sí amb el cap.

La cara de la pantalla va fer una ganyota i va preguntar:

–Què? No us espanteu?

No va haver-hi resposta. La Penya dels Tigres va marxar de la classe de puntetes i va sortir al passadís sense fer soroll. El cable s'acabava en un foradet petit entre la paret i el terra. I dues classes més enllà desapareixia per sota d'una porta que estava tancada.

–I ara què? –va preguntar la Virgi.

En Lluc va passar-se la mà per la barbeta mentre pensava, i en Pau es va gratar el cap.

–Nois, sou uns figaflors! –va rondinar la Virgi en veu baixa, va agafar el pany i va obrir la porta de cop.

Un raig de llum molt llampant els va enlluernar. I després n'hi va haver dos més. Els Tigres es van protegir els ulls amb els braços.

I després tot es va quedar en silenci.

Amb compte, van obrir una mica els ulls per sota de les mànigues del jersei. Davant seu hi havia més puntets brillants blancs i negres, i al mig s'hi podia veure una persona.

Tots tres van cridar sorpresos a la vegada:

–Senyor Sena!

El professor de matemàtiques estava allà dret amb una càmera de fotos a la mà.

–Aquest és un dels dies que més bé m'ho he passat de la meva vida –es tronxava de riure–. He aconseguit prendre el pèl a la famosa Penya dels Tigres. Les vostres cares d'espant es mereixen una bona foto.

En Lluc va comprovar que el cable estava connectat a un altre ordinador. I allà també s'hi veia aquella cara verdosa. El senyor Sena es va acostar a l'ordinador i va fer moure un *joystick*.

De cop es van començar a moure la boca i els ulls d'aquella cara verdosa. El professor els va ensenyar un petit micròfon que havia enganxat a la pantalla amb cinta adhesiva. Aquell cap misteriós va arrencar a parlar amb la veu del professor.

–Ens ha estat vigilant des de fora amb el periscopi, oi? –va dir en Pau.

El senyor Sena va fer que sí amb el cap.

–Quina bona idea, això d'enviar els deures a un altre professor, eh? Ja sabia que us n'empescaríeu alguna, per això us he preparat aquesta broma.

–Quin tipus de programa ha fet servir? –va preguntar en Lluc, i va assenyalar l'ordinador.

–L'he inventat jo mateix –va respondre el professor tot cofoi.

En Pau va fixar-se en l'hora i va sospirar. Ja eren les cinc i encara no havien enllestit ni una sola operació.

–Escolteu, ara podeu marxar –va dir el senyor Sena–. Però no digueu res a ningú sobre aquesta broma. I d'ara en endavant feu el favor de venir puntualment a l'escola.

La Penya dels Tigres va prometre no explicar-ho, i el professor els va picar l'ullet.

Després de pujar a les bicicletes, en Pau va dir:

–No m'hauria pensat mai que el senyor Sena fos tan bromista.

–Ni nosaltres tampoc! –van saltar la Virgi i en Lluc.

Abans de tornar cap a casa, en Lluc va anar a donar un tomb per l'amagatall de la Penya dels Tigres. Es trobava al celler del restaurant xinès El Tigre Daurat, i s'hi accedia a través d'una entrada secreta al darrere d'una gran estàtua d'un tigre.

En Lluc anava a buscar dos jocs nous en CD-ROM que li havien deixat en Pau i la Virgi. El dia abans ja els havia provat a l'ordinador de l'amagatall, però s'havia oblidat d'endur-se'ls. A l'amagatall hi havia el llum encès. En Lluc va arrufar les celles. Sempre l'apagaven, ja que havien de pagar el rebut de la seva butxaca. Tot i així, ell ahir hi havia estat jugant fins tard i després va marxar a corre-cuita per no arribar tard a casa per sopar.

ARXIU

Me'n devia oblidar, va tranquil·litzar-se. Però llavors va passar una cosa que el va deixar glaçat.

Pregunta per a tu

Què passa a l'amagatall?

El xantatge

AL PRINCIPI en Lluc es va pensar que els ulls l'enganyaven. A poc a poc va passar per sobre de la roda de darrere de la bicicleta d'en Pau, que era a terra.

A través del celobert se sentien les botzines dels cotxes. Els vianants caminaven de pressa amunt i avall. Es va fixar en la imatge del mirall i va acostar-se a la taula de

l'ordinador. Amb un moviment ràpid va tombar la pantalla en la seva direcció.

No s'havia equivocat, no. A la pantalla s'hi veia el mateix personatge de cara verdosa amb què el senyor Sena els havia espantat.

Però, com podia haver arribat fins a la pantalla de l'ordinador de l'amagatall? En Lluc va mirar a terra, però no hi havia cap altre cable.

Com que no se li va acudir res millor, el Tigre va pitjar la tecla de l'espai. I en aquell moment la cara es va començar a moure.

–Bona tarda –va saludar amb veu tremolosa i una rialleta maliciosa–. L'he buscat per internet per explicar-li una cosa: té una hora de temps per pagar aquesta suma de diners!

Una mà verdosa va mostrar un cartell on es llegia 100 escrit en negreta.

–No ho faré pas! –va exclamar en Lluc escandalitzat.

El personatge va cridar més fort:

–Si no ho fa ja es pot anar acomiadant del seu ordinador.

En Lluc es va quedar ben parat, i va fer que no amb el cap.

–No pot ser. És... això no és possible.

El personatge va esclafir a riure.

–I això només és el principi. Li penso fer la vida impossible. Ara agafi la seva targeta de crèdit. Després li indicaré a qui ha d'enviar els diners i com ho ha de fer.

En Lluc va allargar la mà i va pitjar ràpidament el botó per apagar l'ordinador. Malgrat això, ell ja sabia que aquell home no l'hi posaria tan fàcil. La pantalla es va tornar negra. De l'ordinador sortia un soroll d'ultratomba. Durant un segon, l'amagatall va estar completament en silenci.

–Això... això és xantatge –va dir en Lluc–. Però... com pot ser que aquest personatge hagi pogut entrar en el nostre ordinador? Torna a ser cosa del senyor Sena?

Però això sí que no tenia ni cap ni peus. El professor no sabia res de l'amagatall de la Penya dels Tigres. No podia saber de cap manera on es trobava.

En Lluc, tot capficat, va posar-se a pensar què havia de fer. Ell no podia agafar la targeta de crèdit dels seus pares tan fàcilment i pagar els diners.

–I aquest personatge tan estrany no podrà fer-me malbé l'ordinador mai de la vida! –va exclamar en veu alta per donar-se ànims.

Es va aixecar, va engrapar les dues capses dels jocs en CD-ROM i va dirigir-se a la porta de l'amagatall. El que va passar a continuació gairebé el va fer caure de cul a terra.

Pregunta per a tu

Com va saber diferenciar aquesta aparició misteriosa de la de l'escola?

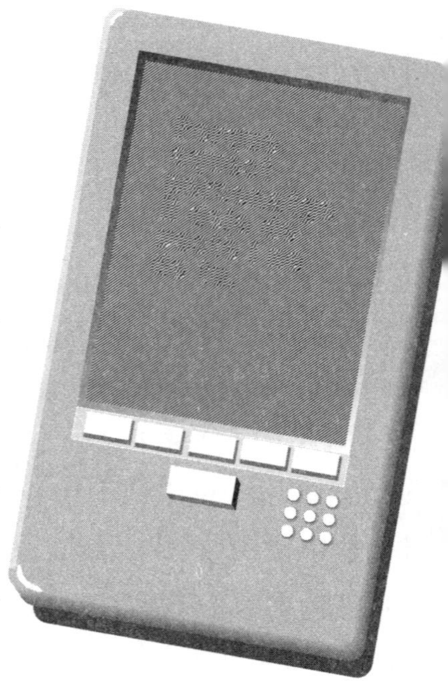

Una altra sorpresa

AMB UN XIULET i un clic, la pantalla i l'ordinador es van tornar a encendre. La cara verdosa del personatge deixava anar riallades.

En Lluc va notar com una suor freda li baixava per l'esquena. Es va tombar molt lentament, però no es va acostar a l'ordinador.

–Es pensa que es pot desempallegar de mi d'aquesta manera!? –va cridar el desconegut misteriós–. No estem a l'edat de pedra, tros de Neandertal. O paga o es queda sense ordinador!

–És que... és que no li puc pagar –li va sortir a en Lluc. En aquell moment va pensar que estava completament boig. Li estava parlant a una pantalla d'ordinador!

–Pensi quants diners costa un ordinador nou. Si ho compara, el preu de la meva petició fa riure! –va dir aquella cara verdosa fredament–. El temps compta a partir d'ara!

El desconegut va desaparèixer, i a la pantalla hi va sortir un rellotge digital que va començar a comptar enrere a partir de seixanta minuts.

Cinquanta-nou minuts cinquanta-nou segons.

En Lluc va sortir corrents de l'amagatall i va tancar la porta de cop. S'hi va recolzar panteixant. I ara què?

El Tigre va arribar a batzegades fins a la cabina telefònica més propera i va marcar el número de la Virgi. Comunicava.

Tot seguit va trucar a en Pau, però va sortir el contestador automàtic.

–Hola, en aquests moments no som a casa!

En Lluc va sospirar profundament, va penjar i va provar un altre cop de localitzar la Virgi, però la línia encara comunicava.

–Tot això només és una broma pesada –va dir en Lluc en veu alta–. No és res més que una broma.

Però no n'estava del tot segur.

Al cap de poc es va trobar davant de casa, però no recordava gaire bé com hi havia arribat. Un cop allà, va obrir la porta i va entrar.

–Hola mama, hola papa! –va cridar, però ningú no va contestar. Al mig del terra del rebedor hi havia una nota.

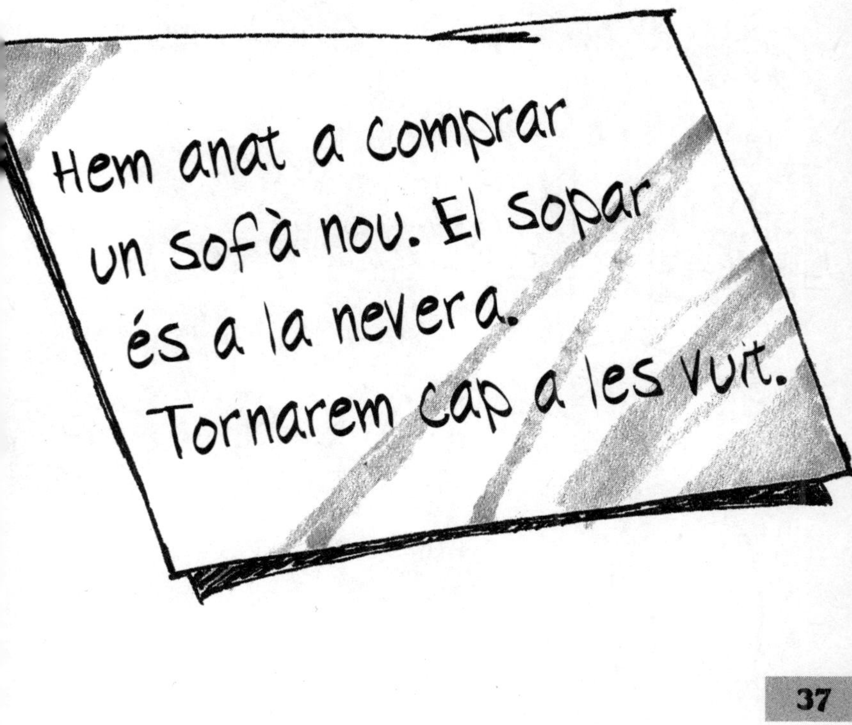

Hem anat a comprar
un sofà nou. El sopar
és a la nevera.
Tornarem cap a les vuit.
Urgent,
truca a
la Virgi

–Perfecte –va queixar-se en Lluc. Tenia la intenció de parlar amb els seus pares sobre el xantatge d'aquell pirata d'internet. A més a més, els hauria demanat una targeta de crèdit, perquè no li marxava del cap la sensació que aquell personatge de la cara verda parlava seriosament.

«I ara què haig de fer?», va pensar en veu alta.

Què cal que faci en Lluc abans que res?

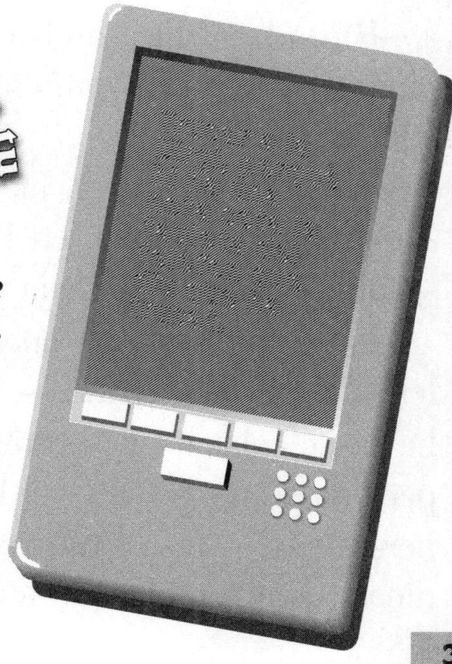

La destrucció

AQUESTA VEGADA en Lluc va tenir sort. La línia de casa de la Virgi estava disponible. Ella mateixa va despenjar el telèfon, estava molt nerviosa.

–Un moment, que et porto a la meva habitació –va dir ella.

–Què dius ara, que em *portes* a on? –va dir en Lluc tot sorprès.

–Pensa una mica amb el cap –va fer la Virgi–. És ben clar que em refereixo al telèfon sense fils.

Una porta es va tancar de cop, i pels sorolls que se sentien, en Lluc va pensar que segurament la Virgi havia caigut del llit.

–El senyor Sena ha anat massa lluny –va fer la Virgi entre gemecs–. Aquest home deu haver-se colat al meu ordinador. I ara aquell personatge de la cara verda i maliciosa em persegueix, a casa i tot, i vol que li doni diners. Em sembla que torna a ser una broma del Sena, però no em fa gens ni mica de gràcia.

Després que en Lluc li fes un resum del que havia passat a l'amagatall la Virgi va preguntar:

–Allà també? Però com pot ser això?

–No ho sé pas –va respondre en Lluc.

–Quants diners et demana el pirata d'internet?

–Cent euros, i només em queden nou minuts! He gastat tota la resta del temps provant de trucar-te, però comunicaves tota l'estona! –es va queixar en Lluc.

–És clar, perquè jo no parava de trucar-te a tu –va explicar-li la Virgi.

–Pots treure diners de la targeta de crèdit? –va preguntar en Lluc.

La Virgi va riure.

–És clar que no! Els meus pares mai no em donarien cent euros perquè me'ls gastés en una ximpleria com aquesta.

–No tens por que passi alguna cosa de debò?

–I què vols que passi? El personatge ha de ser una broma d'algú, no pot haver-hi cap altra explicació! –va contestar la Virgi–. I m'hi jugo el que vulguis que el senyor Sena hi té alguna cosa a veure.

Els dos Tigres van esperar plegats que el temps s'esgotés.

–Molt bé, ja està –va dir la Virgi.

I llavors en Lluc va sentir aquella veu greu que ell coneixia tan bé.

–Doni'm el número de la targeta de crèdit, vinga –va exigir.

–Ni parlar-ne –va dir la Virgi molt decidida.

Durant uns segons no va passar res, i després es va tornar a sentir aquella veu, aquesta vegada molt més seca:

–El número de la targeta de crèdit!

Com que la Virgi no va reaccionar, el personatge de la cara verda va dir fredament:

–Vostè ho ha volgut, ara li esborraré tot el disc dur.

–No! –va cridar la Virgi. En Lluc la sentia

teclejar mentre ell intentava desconnectar l'ordinador, tot i que li semblava que no se'n sortiria.

–Lluc, el que diu va de debò! –va cridar la Virgi trasbalsada.

Van sentir un soroll fort que venia de l'ordinador, però va parar al cap de poc temps. La Virgi va provar d'introduir dades en el teclat; pitjava les tecles amb molta força.

–I ara què? –va preguntar en Lluc.

–No res, tot a fer punyetes! –va queixar-se la Virgi.

–El preu s'ha apujat a dos-cents euros. Disposa d'una hora per pagar. Si no, destruiré l'ordinador! –va amenaçar aquella veu greu.

–Cal que ho expliquis tot als teus pares! –li va dir en Lluc a la seva amiga.

–Però és que no hi són. Tornen demà al matí. La senyora Garcia em fa de cangur.

La senyora Garcia era una veïna que a en Lluc li recordava un buldog rabiós. Segur que a ella li agradaria tenir la Virgi tancada en una habitació perquè no li passés res.

De sobte, a en Lluc se li va il·luminar la cara.

–Virgi, tinc una idea. Potser tu podries salvar l'ordinador d'aquesta manera –va dir ell.

Pregunta per a tu

Què proposa en Lluc a la Virgi?

L'explosió

EN LLUC va marxar corrents de casa amb la bicicleta i va anar altre cop a l'amagatall. Allà volia fer el mateix que havia fet la Virgi. Semblava que el consell que li havia donat rutllaria.

El rellotge digital de la pantalla no es cansava de funcionar i mostrava que només quedaven exactament tres minuts perquè arribés l'hora de pagar els diners.

En Lluc es va posar de quatre grapes i va ajupir-se sota la taula per desendollar el cable de l'ordinador. Va sentir com s'aturaven el ventilador i el disc dur de l'ordinador i s'apagava la pantalla.

Més tranquil, el Tigre va donar un cop d'ull a la pantalla negra.

«I què passarà quan torni a engegar l'ordinador?», es va preguntar en Lluc entre dents.

Això ho havia de descobrir ara, i per això

va tornar a endollar-lo al corrent elèctric i va esperar a veure què passava. Després de pitjar el botó per engegar-lo, tot va ser com abans.

En Lluc va fer un gran salt d'alegria. Ho havia aconseguit. El fantasma havia desaparegut.

Però va cantar victòria massa aviat. Amb un raig de llum, aquella cara verdosa es va plantar altre cop a la pantalla. Se'l veia molt enrabiat.

–Mira que espavilat –va deixar anar la veu–. Però així no podrà pas guanyar-me. Cada cop que faci alguna cosa d'aquestes, el preu pujarà. Ara ja em deu cinc-cents euros! Si no me'ls paga li destruiré l'ordinador.

Llavors en Lluc ja no va tenir cap més dubte. Desendollar l'ordinador no havia servit per res.

Un ordinador que havia estat assaltat per pirates ja no funcionaria mai més. Potser seria qüestió de pagar, doncs. El Tigre es passejava capficat amunt i avall de l'amagatall. Cavil·lava i cavil·lava, però no se li acudia cap solució.

«I si aquest pirata d'internet només fos una enganyifa?», se li va acudir.

En Lluc va decidir esperar a veure què passava. I per matar el temps va engegar el televisor petit que tenien. Va arraulir-se al sofà vell que havien trobat en un contenidor, va reclinar el cap damunt els braços i va mirar fixament la pantalla.

De sobte, darrere seu es va obrir la porta de cop. Espantat, en Lluc es va aixecar d'un bot.

–Ah, sou vosaltres –va sospirar alleugerit mentre veia com entraven en Pau i la Virgi.

Tots dos es van asseure al seu costat, i ell els va explicar com havien anat els seus intents.

A la televisió feien uns dibuixos animats que feien molt escàndol. A la Virgi la posaven nerviosa i va apagar l'aparell amb el comandament a distància. Van posar-se a reflexionar què havien de fer, però no van arribar a cap conclusió.

El temps passava volant. A la pantalla hi havia el personatge de la cara verda que demanava els diners. Com que no li feien cas, el pirata d'internet va començar a cridar:

–Ara compliré la meva amenaça. Primer només destruiré la pantalla. La resta de l'ordinador encara la podeu salvar.

A la pantalla s'hi veia el compte enrere. 10... 9... 8... 7... 6... 5... 4... 3... 2... 1... 0!

Quan va arribar al zero hi va haver una explosió i un llamp enlluernador. El vidre de la pantalla va esclatar i un munt de trossets de vidre van caure a terra. El plàstic que recobria la pantalla es va socarrimar tot, i de dins en sortia un gran núvol de fum molt fosc. Tot l'amagatall feia olor de plàstic cremat.

Els tres Tigres estaven ajupits a terra i gairebé no es creien el que veien.

–Ho veu, ara, que parlo seriosament? –va preguntar la veu greu des de l'altaveu que estava instal·lat a l'ordinador. En Lluc va arrencar l'endoll de la clavilla. Amb una explosió ja n'hi havia prou.

La Virgi tenia esgarrifances.

–Llavors és cert que aquest home ha entrat per internet a l'ordinador i ens vol fer la vida impossible. M'agradaria saber si aquest pirata d'internet també ha fet xantatge a altra gent.

Pots respondre aquesta pregunta?

Un professor és el sospitós

–HAIG DE MARXAR pitant abans que la senyora Garcia s'adoni que no hi sóc –va dir la Virgi.

–Com és que no ho sap? –va preguntar en Pau.

–Perquè m'he escapat per la finestra –va explicar la Virgi. Es va acomiadar i va prometre als nois que els trucaria per telèfon més tard.

Els Tigres no es van adonar que a la televisió feien un reportatge sobre pirates d'internet.

–Només hi ha una persona que pot saber més coses sobre els pirates –se li va acudir a en Lluc.

En Pau ja s'olorava de qui parlava.

–El senyor Sena, oi?

En Lluc va fer que sí amb el cap, i els nois van decidir fer-li una visita al professor. Sabien on vivia.

Al carrer hi feia un vent gelat, però tot i així van aconseguir arribar fins al carrer del professor. Vivia al tercer pis d'un edifici vell. En Pau i en Lluc es van parar davant de la porta d'entrada sense saber què fer. No s'atrevien a trucar-hi.

–Has sentit això? –va preguntar en Pau amb un fil de veu. Va enganxar l'orella a la porta, i en Lluc de seguida va fer el mateix.

Dins l'edifici se sentien unes veus esmorteïdes. Una era la del professor de matemàtiques i l'altra era la d'una dona.

–Tot ha estat idea teva! –rondinava ella–. I segur que t'enxamparan, perquè tu també hi estàs posat. Ara, jo no et penso ajudar, t'ha quedat clar?

En Lluc i en Pau es van mirar bocabadats. Què devia voler dir tot allò?

–No en facis una muntanya, tu, ara! –el senyor Sena va esbroncar la dona–. Ningú no es podria imaginar que tinc alguna cosa a veure amb els pirates d'internet.

En Pau va obrir la boca de bat a bat.

–Ja no n'estaria tan segura –va tornar-s'hi la dona–. A més, ara me n'haig d'anar.

Els dos nois van escampar la boira de pressa. Van baixar els tres pisos i es van ajupir fora de l'edifici. Es van amagar al darrere d'un contenidor ple de grava.

Al cap de pocs segons van sentir que la porta s'obria. Cap dels dos va gosar alçar el cap per tal de veure clarament la dona. Tan sols van sentir com obria la porta d'un cotxe, i van veure la seva ombra reflectida a la paret.

Es va engegar el motor i el cotxe va sortir de l'aparcament.

–Segur que la Virgi es riuria de nosaltres perquè ni tan sols tenim una descripció de la dona –va dir en Pau.

En Lluc va treure's el miniordinador de la butxaca. Amb un llapis especial podia dibuixar els trets principals de la dona. Ràpidament va fer-ne un parell d'esbossos.

1
2
3
4

Pregunta per a tu

A quin dibuix s'assembla la dona?

Les coses podien canviar

–I PER QUÈ ens servirà aquest dibuix? –va preguntar en Pau.

–Ah, mm... així podrem reconèixer la dona quan ens la tornem a trobar –va dir en Lluc poc convençut.

–No m'hagués pensat mai que el Sena fos capaç d'enredar-se en afers tan tèrbols –va fer en Pau mentre movia el cap d'un cantó a l'altre.

En Lluc hi estava d'acord.

–Sembla que sigui el líder d'aquesta banda de pirates d'internet.

En Pau es va quedar tot pensatiu.

–Com és que avui a la tarda el senyor Sena ens ha espantat amb aquell personatge amb la cara verda? És que no tenia por que el delatéssim?

En Lluc no sabia quina resposta podia donar a aquelles preguntes. Se sentia com el vent xiulava a la cantonada. Els nois van cordar-se les jaquetes fins dalt i es van posar les caputxes. Com que volien enraonar, caminaven empenyent les bicicletes l'un al costat de l'altre.

–Tant de bo sabés com s'ho han fet els pirates per entrar a l'ordinador –va dir en Lluc amb un sospir–. Per on es colen? Això no és possible, oi que no?

–A mi no m'ho preguntis, ets tu el geni de la tecnologia –va dir en Pau.

Van continuar el camí en silenci. Volien passar per l'amagatall, perquè en Lluc hi tenia llibres molt bons on potser podrien trobar alguna solució.

Els dos Tigres no sabien res de la trucada telefònica que va tenir lloc gairebé al mateix temps. Va ser entre en Tomàs Carbonell i en Lluís Barber. En Lluís encara vivia amb la seva mare en un pis molt petit. El seu reialme era una habitació minúscula al pati. Quan va sonar el telèfon, s'estava menjant un entrepà sense gaire entusiasme.

La senyora Barber va despenjar i li va donar l'auricular al seu fill.

–Digui'm? –va dir en Lluís de mala gana.

–Sóc en Tomàs –va fer la veu d'en Tomàs Carbonell cridant. Com que parlava molt de pressa i d'una manera molt peculiar li van posar «fura» de malnom.

–Què passa? –va dir en Lluís secament.

–Ha arribat la nostra gran oportunitat!

–Això ho repeteixes cada deu minuts, però mai no en traiem res.

En Tomàs va tossir incomodat.

–Aquesta vegada la cosa té bona pinta. D'aquí a poc se'ns podrien obrir unes quantes portes i tindríem el camí lliure per aconseguir uns bons calerons.

–Parla clar, home! No entenc ni una paraula del que dius –va engegar-li en Lluís.

–Has sentit parlar d'això dels pirates d'internet?

En Lluís havia vist el reportatge a la televisió i es va empipar amb si mateix per no haver-se-li acudit a ell. Fins llavors es dedicava amb més o menys èxit als robatoris.

–I què, què hi pintem nosaltres en tot això? –va preguntar en Lluís de mal humor.

Mentre l'hi explicava, en Tomàs Carbonell anava fent rialletes malicioses com si fos un nen petit.

–Aquest pla no està gens malament –en Lluís va haver de donar-li la raó–. Però qui ens assegura que els pirates d'internet encara no ho han intentat?

En Tomàs va continuar la seva explicació encantat:

–He rebut una informació d'un *hacker* que diu que els pirates d'internet volen fer-se amb l'ordinador d'un banc. Nosaltres només hauríem d'entrar a la central d'ordinadors i engegar-la, llavors tindríem el camí lliure.

–Penja, una cosa així no es pot discutir per telèfon –va rondinar en Lluís. Llavors va quedar amb en Tomàs al cap d'una hora. En aquell moment, en Lluís va sentir que aquella nit les coses podien canviar de veritat.

Quan en Pau i en Lluc van arribar a l'amagatall, tot estava igual com ho havien deixat.

En Lluc va mirar al prestatge i va llegir el títol del llom d'un llibre.

–Ei... Lluc! –el va cridar en Pau.

–Ara no puc –es va queixar en Lluc.

–Torna a fer un cop d'ull a l'ordinador. Has desconnectat alguna cosa?

–Sí, ho he desendollat, per què? –va respondre en Lluc.

–Res més? –va demanar en Pau.

–No, és clar que no!

–Llavors l'enigma sobre els pirates d'internet encara se'ns fa més gran!

Pregunta per a tu

Què vol dir en Pau?

Un fantasma per internet?

EN LLUC no parava de passar-se la mà per la barbeta.

–Tens raó, ara ens serà molt més difícil treure l'entrellat d'aquest cas –va dir-li a en Pau.

–Saps què? Se m'ha acudit una explicació possible!

En Lluc va fer que no amb el cap. Llavors va donar-se un cop al front amb el palmell de la mà.

–Ostres, Pau, em sembla que fa més de dues setmanes que no ens podem connectar a internet des de l'ordinador. El mòdem es va espatllar quan vam voler instal·lar uns CD-ROM, i per això vaig tallar la connexió a internet.

En Pau va empassar saliva.

–Aquell personatge de la cara verda... podria ser que fos un fantasma?

En Lluc li va donar uns copets a l'espatlla rient.

–Típic d'en Pau! Potser tens molts músculs, però també tens por dels fantasmes!

L'altre Tigre va fer-li una ganyota enrabiat.

–No en tinc, de por –va protestar–, però... si no, com pot ser que els pirates d'internet hagin entrat a l'ordinador?

–Doncs... hi ha més possibilitats, però encara me les he de pensar –va dir en Lluc.

–Ves que no se t'escalfi massa el cervell –va avisar-lo en Pau.

Per als nois ja començava a ser hora de tornar cap a casa, no haurien de ser fora tan tard. Per les notícies de la televisió van assabentar-se que els pirates d'internet també havien atacat molta altra gent. La policia i alguns experts en informàtica estaven investigant el cas.

Els tres Tigres tenien el cap fet un embolic. Haurien de delatar el seu professor? Més tard, quan el telèfon mòbil va sonar a casa d'en Lluc, aquest va agafar-lo i va dir:

–Hola Virgi, què hem de fer?

–Eh? Que ets endeví? –va preguntar-li la Virgi sorpresa–. Com sabies que era jo?

–El meu telefon et diu el nom i el número de qui et truca –li va explicar en Lluc.

–Ah! –la Virgi no estava gens impressionada–. Crec que de moment hauríem de guardar el secret –va dir–. Però demà li deixarem les coses clares al senyor

Sena. En Pau hi està d'acord, he parlat abans amb ell.

–Entesos –va contestar en Lluc.

–Aquest divendres és festa –va anunciar la Virgi.

Llavors, veurien el professor el dilluns a primera hora.

–Podríem anar-lo a veure a casa seva –va proposar en Lluc. Va acomiadar-se de la Virgi i va penjar.

El mòbil va tornar a sonar. Era en Jordi, un company de classe. El seu ordinador també havia estat assaltat pels pirates d'internet i totes les dades que hi havia emmagatzemades havien estat destruïdes.

Gràcies a en Pau va saber que a l'Anna Maria i al Manel de la classe també els havien aparegut pirates d'internet. «Per què aquests estafadors atacaven els nens, si cap d'ells tenia gaires diners?», va preguntar-se en Lluc.

En Tomàs i en Lluís van dirigir-se cap al punt de trobada establert, davant d'un gran edifici gris. Estaven drets al carrer del davant, amagats entre dos grans contenidors d'escombraries que feien una pudor insuportable. Van examinar amb avidesa la porta d'entrada de metall de l'edifici, que tenia un pany elèctric. Les finestres començaven al segon i al tercer pis.

–Com ens ho farem per entrar-hi? –va preguntar en Lluís. En Tomàs va deixar anar una rialleta.

–Això deixem-ho per al Màrius. Ell pot rebentar una porta com aquesta d'una bufada.

–I no se t'hauria pogut acudir abans, això? –va rondinar en Lluís.

–També se t'hauria pogut acudir a tu! –va tornar-s'hi en Tomàs.

–Demà ja serà massa tard –protestava en Lluís.

–No, encara hi som a temps! –va dir en Tomàs–. Demà és festa, no ens en faltarà, de temps.

Tot i que li costava molt, aquesta vegada, i com a excepció, en Lluís va haver de donar la raó a en Tomàs.

En Lluc feia repicar els dits sobre el seu telèfon sense fils ultramodern mentre pensava. Quan va sonar, va posar-se l'auricular a l'orella i va contestar. A l'altra banda de la línia no se sentia res. Només es podia percebre el so d'un televisor de fons.

–Digui'm? Qui hi ha? –preguntava en Lluc impacient–. Qui vol prendre'm el pèl!? –va queixar-se el Tigre. I com que no va haver-hi cap resposta, va penjar.

«Qui havia estat?»

Com s'ho podia fer en Lluc per descobrir qui era?

L'interlocutor anònim

EN LLUC va ser més llest que l'interlocutor que no s'havia deixat reconèixer. Va pitjar un parell de botons del telèfon per impedir que els altres poguessin veure el seu número a la pantalla. «Omissió de número», s'anomenava aquesta opció.

Llavors en Lluc va marcar el número del desconegut. Era impressionant el que es podia fer amb aquella xarxa telefònica digital. Es podia veure el número de qui trucava, i l'ordinador del telèfon al mateix temps mostrava el nom d'aquella persona en cas que estigués registrat.

Hi havia línia; un truc, dos trucs, tres trucs. Algú va despenjar.

Quan en Lluc va sentir el nom amb què el seu interlocutor contestava l'auricular li va caure de la mà de cop.

–Digui'm, qui hi ha? –va preguntar la veu d'un home, impacient.

–Sóc en Lluc, el seu alumne, senyor Sena! –tot i que el Tigre volia semblar tranquil, no podia dissimular del tot la tensió i el nerviosisme que sentia.

Ara era el professor qui callava. Al cap d'un parell de segons va respondre:

–Com... com ho saps que t'he trucat?

–Tenim un telèfon digital on he pogut veure el seu número –va explicar en Lluc.

El professor de matemàtiques va ser molt breu:

–Escolta, vull... m'agradaria parlar amb tu i els teus amics. Demà al matí a les nou. És molt important. I fins llavors, no diguis res a ningú de la broma que us he fet aquesta tarda, sisplau.

–Tracte fet –va prometre en Lluc.

–Però per què no ha dit qui era fa un moment?

–Perquè de vegades els professors també tenim por.

Dit això, el senyor Sena va penjar.

«De què ens deu voler parlar?», va estranyar-se en Lluc. Si de veritat és el líder dels pirates d'internet, no ens en podem fiar ni un pèl. Deu estar molt enfadat. O potser és que el professor intenta treure's de sobre les nostres sospites?

El senyor Sena anava d'una banda a l'altra del rebedor. Ell s'havia assabentat de qui eren els pirates d'internet i sabia que això li podia portar molts problemes. En un tres i no res va marcar el número de la seva xicota, la Carla, però ningú agafava el telèfon. Llavors va sonar el timbre de casa seva. Va sospirar alleugerit i va anar a obrir. Sabia que era ella. Qui podia ser a aquelles hores, si no?

Va obrir la porta amb molta energia i va alçar les celles tot sorprès.

–Tu? Què hi fas aquí? –va preguntar al visitant. Però aquest no va contestar.

L'endemà la Penya dels Tigres va acudir puntualment a les nou davant de la porta de casa del senyor Sena. La Virgi va fer un truc curt. No s'hi sentia res, al pis.

Al cap d'un minut els tres Tigres estaven molt impacients, i la Virgi va pitjar el timbre amb més insistència.

–Potser és que és un dormilega i se li han enganxat els llençols –va dir.

Però tampoc van aconseguir res tocant el timbre més fort i més estona.

–Què li passa al senyor Sena? –va estranyar-se en Pau.

–Per què ens demana que vinguem i després no ens obre?

–Veniu! –va xiuxiuejar en Lluc, i va empènyer els seus amics cap a l'escala. Van anar de puntetes mig pis més amunt.

–Què passa? –va preguntar la Virgi.

–Xxt! –va fer en Lluc–. Ara sabrem si el senyor Sena no ens vol obrir només a nosaltres.

Pregunta per a tu

Com ho vol descobrir en Lluc?

El professor desaparegut

LA PENYA dels Tigres s'esperaven ansiosos per veure què passaria.

L'amiga del senyor Sena va tocar el timbre dos cops curts i un de llarg.

–Obre, Àlex –va murmurar.

Però a ella tampoc li va obrir la porta.

–Potser val més que sortim –va xiuxiuejar en Lluc, i tots tres van tornar a baixar per l'escala.

–Hola –van dir amistosament.

–Bon dia –va saludar la dona sense mirar-los. Va remenar la bossa molt neguitosa i va treure'n un clauer.

–Li hem d'explicar una cosa –va dir en Lluc, i va comentar-li perquè eren allà.

–L'Àlex no me n'ha dit res, de vosaltres –va dir la dona tota sorpresa.

–Sisplau, cregui'ns. Tot ha passat tal com ho ha explicat el meu amic –va assegurar la Virgi.

La dona va fer que sí amb el cap.

–Per cert, em dic Carla –va presentar-se–. Sóc professora de matemàtiques i d'història.

Va obrir la porta del pis.

–Àlex? Sóc jo! –va cridar.

En lloc del senyor Sena va aparèixer un gat amb un pelatge llarg de color gris i uns ulls marronosos. Quan va veure la Carla va començar a roncar i a refregar-se contra les seves cames.

–On és l'Àlex? –va preguntar-li la dona a l'animal, com si li pogués contestar.

La Penya dels Tigres van seguir la dona amb curiositat mentre donava una volta pel pis.

A la cuina hi havia una llauna buida de menjar de gat. La menjadora era ben neta, al gat només li quedava aigua.

–Quan li posen el menjar? –va preguntar la Virgi.

–Al matí i al vespre –va respondre la Carla–. Tot i que jo trobo que és massa. La Maragda està molt grassa.

La Penya dels Tigres van quedar-se drets i bocabadats en el petit rebedor.

–Quan ha parlat per telèfon amb el senyor Sena per última vegada? –va demanar en Lluc.

La Carla jugava amb els seus cabells, i va respondre:

–Ahir vam tenir una picabaralla. Per això li he trucat a primera hora del matí, i m'ha estranyat molt que l'Àlex no despengés el telèfon.

–Potser ha marxat de casa molt d'hora –va suposar la Virgi.

–O potser se n'ha anat a mitja nit –va afegir en Lluc.

Qui té raó, en Lluc o la Virgi?

La prova

LA CARLA va fer cara d'enfadada i va tancar els punys.

–Quin pocavergonya –va rondinar–. Encara no hem acabat de barallar-nos que ja se'n va a consolar-se amb una altra.

Renegant, va tirar-se una mica endavant i va dir-se a si mateixa: «Se'n recordarà, de mi!»

–No crec que el senyor Sena fes una cosa així! –va dir en Lluc–. Segur que ell ens hauria enganxat una nota a la porta perquè no ens esperéssim en va, no trobeu?

En Pau i la Virgi van estar-hi d'acord.

La Virgi va començar a veure per on anava el seu amic.

–Creus que li ha passat alguna cosa?

En Lluc va fer que sí amb el cap.

–No ho descarto. Al cap i a la fi està embolicat en assumptes molt perillosos.

La Penya dels Tigres van córrer darrere la dona i la van trobar a la porta d'entrada.

–Hem... hem de parlar amb vostè –panteixava la Virgi.

En Lluc va explicar que el dia abans havien estat espiant una conversa entre ella i el senyor Sena.

–Què hi té a veure ell amb els pirates d'internet? –volia saber el Tigre.

–Serà millor que tornem al pis –va dir la Carla molt seriosa.

Després que haguessin tancat la porta i els Tigres s'haguessin assegut al sofà, la dona va començar el seu relat.

–La cosa va així: l'Àlex estava escrivint una tesi doctoral sobre el comportament de les persones quan va passar-li una cosa molt estranya.

Els Tigres eren tot orelles.

–Per dur a terme una prova, l'Àlex va pensar el següent: va enviar un disquet a diversa gent que coneixia. El disquet contenia aquell personatge de la cara verda que amenaçava de destruir l'ordinador. Amb el disquet també hi anava una mena de punt de llibre.

La dona va remenar papers de la taula del professor i va donar un d'aquells punts de llibre a la Penya dels Tigres. Hi havia una historieta curta d'un paracaigudista.

–En aquest punt de llibre hi ha un codi amagat que permet desactivar aquella cara verda –va explicar ella–. L'Àlex volia saber quantes de les persones que feien la prova ho descobrien.

–I els diners? El pirata d'internet ens ha

destrossat dos ordinadors! –va dir la Virgi atabalada.

–Us asseguro que això no és culpa del vostre professor –va dir la Carla–. El seu programa això no ho hauria fet mai. Algú altre deu haver-se'n apoderat i l'ha reprogramat perquè la prova sigui un xantatge.

–Calent, calent! –va fer en Lluc.

En Pau jugava amb el punt, observant bé les vinyetes.

–Has descobert el codi? –li va preguntar la Virgi.

–Em sembla que sí –va dir el Tigre tot pensatiu.

En Lluc va prendre-li el punt i se'l va mirar i remirar.

–Ostres, ets més llest que nosaltres. No puc trobar-hi cap codi! –va rondinar.

En Pau va fer una rialleta tot cofoi. Estava molt orgullós de, per una vegada, ser més llest que en Lluc.

–A cada vinyeta hi ha un codi, es veu ben clar –va dir.

Pregunta per a tu

Quins codis hi ha?

Consell de la Penya dels Tigres

Trobaràs el punt de llibre a la butxaca de la Penya dels Tigres.

La investigació es posa en marxa

–DONCS jo no el sé veure per enlloc –va dir la Virgi, sorpresa.

–A cada vinyeta hi ha uns dibuixets que corresponen a símbols del teclat de l'ordinador –va fer en Pau.

–Ah, si! Així, mentre el paracaigudista salta, desapareix el personatge de la cara verda! –va exclamar en Lluc.

–I si això també servís pels pirates d'internet? –va preguntar en Pau.

–Això ho podem descobrir ara mateix –va dir en Lluc.

Però encara quedava una pregunta en l'aire:

–Com van poder colar-se a l'ordinador els pirates?

–Per internet no pot ser, ja que el nostre ordinador no hi estava connectat –va dir en Pau.

–Però tampoc hem fet servir cap disquet de ningú –va afegir en Lluc.

–Aquests pirates d'internet funcionen com un virus informàtic –va dir la Virgi–. És un tipus de programa que destrueix els altres programes.

–Però els virus informàtics no s'escampen per l'aire com els virus de la grip! –va contestar en Lluc.

–Ei, vosaltres tres ho peleu molt bé, això –va dir la Carla.

La Penya dels Tigres van somriure afalagats. En Lluc tenia una proposta:

–Jo me'n vaig a l'amagatall i provaré de desactivar el programa dels pirates. I vosaltres aneu a veure tots els companys que han estat atacats pels pirates d'internet. Jo en sé uns quants. Si ho pregunteu a tothom encara podem trobar més víctimes d'aquests atacs. I més tard, cap al migdia, ens trobem tots a l'amagatall.

–Si arriba l'hora i l'Àlex no ha aparegut, aniré a la policia! –va decidir la Virgi.

Per estar més segurs, en Lluc va donar als

seus amics una càmera digital. N'estava molt orgullós, funcionava sense carret perquè les fotografies s'emmagatzemaven de manera electrònica. Cap a les dotze, en Pau i la Virgi van presentar-se a l'amagatall. Portaven la càmera com si fos un trofeu.

–Heu esbrinat què ha passat? –va preguntar en Lluc.

–Tenim una sospita i estem convençuts que el que tu deies era cert –va dir la Virgi.

–Pots desactivar els pirates d'internet amb el codi? –va preguntar en Pau.

En Lluc va respirar fondo.

–Per desgràcia no els puc desactivar, però sí que els puc parar. No tinc ni idea de quant temps pot durar el seu muntatge.

S'havia portat de casa un petit monitor que va connectar a l'ordinador. A la pantalla hi havia aquella espantosa cara verda, però no es movia ni parlava.

En Pau va donar la càmera a en Lluc.

–Pots revelar les fotografies?

DARK CITY
YET

–Ho intentaré! –en Lluc va endollar la càmera a l'ordinador i va escriure en el teclat. En poc temps van aparèixer moltes fotografies de les habitacions dels seus companys.

En Pau i la Virgi se les miraven detalladament i feien que sí amb el cap.

–La nostra sospita és ben certa.

Pregunta per a tu

Com podia ser que el programa dels pirates d'internet funcionés a l'ordinador?

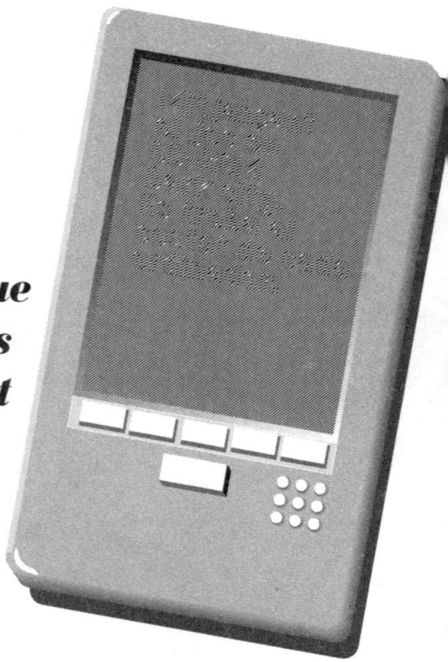

Què li passa a la Carla?

EN LLUC s'havia estirat al sofà de l'amagatall i recapitulava:

–Teniu raó. Algú ha modificat el CD-ROM del *Dark city*. Ara no només hi ha un joc, sinó que també porta el pirata d'internet. Segur que el programa funciona així, perquè ahir es va posar en marxa automàticament. M'hi jugo el que vulgueu que fins i tot pot establir una connexió a internet i recollir els diners de les targetes de crèdit. Quina bona pensada!

No hi havia dubte de per què els pirates d'internet havien atacat tants nens. *Dark city* no només agradava molt als adults, als nens també.

El timbre va espantar els Tigres. Si no el coneixia ningú, el seu amagatall!

–Nois, obriu sisplau. Us haig de donar una notícia! –deia algú des de fora.

Tots tres van respirar alleugerits. La veu

era de l'amo del restaurant xinès. En Pau va obrir i el senyor Wu va entrar. Va inclinar-se i va dir:

–Sisplau, Lluc, hauries de trucar a la teva mare.

Què havia passat? La mare d'en Lluc només trucava al senyor Wu en casos d'emergència, perquè ningú no podia entrar a l'amagatall secret.

En Lluc va donar les gràcies al senyor Wu i va trucar a casa seva immediatament.

–Que bé que truquis! –va dir la seva mare–. Una dona jove que es deia Carla us buscava. Heu d'anar de seguida a casa del senyor Sena.

–Gràcies, mama –va dir en Lluc, i va penjar.

Què volia la Carla? És que havia aparegut, el professor de matemàtiques?

Van anar-hi de pressa amb bicicleta. Quan la Carla els va obrir la porta, de seguida van adonar-se que no havia passat res de bo.

Ella tenia els ulls vermells, com si hagués plorat.

–Què et passa? –va preguntar-li la Virgi.

La Carla va fer un esforç per somriure i va dir:

–Res, no res. Tot va bé. L'Àlex ha trucat. Ell... ens trobarem d'aquí a una hora a casa d'uns amics. I m'ha demanat que us digués que no intervingueu. Ell... diu que ho té tot controlat i que tot anirà bé.

–Eh? –els Tigres no entenien res.

–Potser serà millor que marxeu cap a casa –va dir la Carla, i va acompanyar-los a fora–. I diu que si us poseu pel mig s'enfadarà molt quan torneu a l'escola.

Just eren fora quan va sonar el telèfon al pis del professor. La Carla va despenjar-lo, però no va dir res. Al cap d'uns segons va dir tímidament:

–Sí... m'espero. Però... per què vol que obri la finestra, i què és això que ho poden sentir tot?

La Penya dels Tigres van quedar-se garratibats.

–El que ens ha dit és mentida –va xiuxiuejar en Pau.

En Lluc va fer que sí amb el cap i va fer un senyal perquè callessin. Ell tenia una

explicació pel que estava passant: havien amenaçat la Carla. Havia d'obrir la finestra perquè algú l'estava escoltant a través d'un walkie-talkie per on es podien sentir converses des de grans distàncies.

El carrer del professor estava molt animat.

Hi havia unes quantes parades de frankfurts, i en d'altres s'hi podia comprar pa o vi.

En Lluc va girar el cap per observar la multitud.

Pots descobrir qui és el desconegut que porta el walkie-talkie?

Un banc en perill

DE COP i volta, en Pau va quedar-se blanc com el paper.

–Escolteu, m'acabo de recordar d'una cosa! –va dir.

Els altres dos Tigres no estaven per ell. Miraven fixament l'home del walkie-talkie, que estava trucant pel mòbil.

–Us haig de dir una cosa –va insistir en Pau.

–Què vols? –va queixar-se en Lluc sense treure els ulls del sospitós.

–Jo també he jugat al *Dark City* a l'ordinador del meu oncle.

A la Virgi allò no va impressionar-la gaire.

–I què? Això vol dir que el teu oncle també deu haver rebut la visita dels pirates d'internet. Truca-li i digues-li què ha de fer per arreglar-ho.

–El meu oncle és el director del Banc Central! –va cridar en Pau enfadat–. Ell és qui va regalar-me el *Dark City*. Me'l va donar a la seva oficina i el vaig provar allà mateix.

Ara en Lluc entenia el neguit d'en Pau.

–Això vol dir que els pirates d'internet podrien destruir ara mateix l'ordinador del teu oncle. I com que està en xarxa amb molts altres ordinadors és possible que també hagin pogut accedir a tots els ordinadors.

–El sistema d'alarma, la cambra

cuirassada... poden controlar tot el que va per ordinador! –va exclamar en Pau.

–Truca al teu oncle immediatament! –va ordenar en Lluc.

–No puc! –en Pau va posar-se les mans al cap–. Ha marxat de viatge.

–Hem d'avisar la policia com més aviat millor –va decidir en Lluc.

Llavors la Carla va sortir corrents del pis.

–Què hi feu encara aquí? –va dir molt enrabiada–. Ja us he dit que marxéssiu cap a casa.

En Lluc mirava de reüll l'home del walkie-talkie. Els estava espiant.

–Veniu amb mi! –va dir la Carla secament. I va empènyer la Penya dels Tigres cap a dins de l'edifici i del pis.

En Lluc va obrir la boca per dir alguna cosa però la noia li va fer un gest perquè callés.

Va tombar-se per buscar alguna cosa, però semblava que no ho trobava.

Va sonar el telèfon. La dona va despenjar-lo amb les mans tremoloses, i la Virgi i en Lluc van acostar-se a l'auricular.

–Quedeu-vos aquí dalt i no proveu d'avisar la policia. Si no, l'Àlex ho pagarà car! –va amenaçar l'interlocutor. Mentre parlava, de fons se sentia el soroll d'aquella mena de fira. Els tres Tigres van mirar la

Carla espantats, ella va quedar-se ben quieta. No s'atrevia a dir res perquè sabia que l'home del carrer ho podia sentir tot. Però la Virgi va trobar una solució.

Quina és la solució?

Què passa després?

EN LLUC va dir en veu alta:

–Hem... hem de seguir les instruccions. No ens queda altre remei. Al senyor Sena no ha de passar-li res.

La Carla va fer que sí amb el cap amb aprovació.

La Virgi i en Pau també van seguir l'estratègia d'en Lluc, van dir que sí i van assegurar que no intervindrien per res.

En realitat, però, en Lluc ja s'havia assegut a l'ordinador i l'havia engegat. Va trobar un programa de tractament de text i va començar a escriure: *I ara què fem? Hem de fer-hi alguna cosa!*

Llavors la Carla va escriure molt ràpid i amb les dues mans: *Els segrestadors m'han trucat abans i m'han obligat a aturar-vos. Ja heu sentit la seva amenaça, i em sembla que parlen seriosament.*

Els Tigres van donar-li la raó.

Mentre els segrestadors tinguessin presoner l'Àlex no podien arriscar-se a fer res.

Però això de quedar-se asseguts i esperar no era el seu estil.

En Pau no parava de pensar en el banc. El seu oncle li havia prohibit utilitzar disquets o jocs d'ordinador que no fossin del banc en el seu ordinador, ja que el perill que s'introduïssin virus era molt gran.

Però ell no va obeir aquesta norma i potser ara hi hauria un daltabaix.

En Lluc i la Virgi pensaven en la gran quantitat de persones afectades que segur que havien pagat molts diners a través de la targeta de crèdit. Els Tigres no tenien cap dubte que els pirates d'internet serien capaços de fer servir els números de les targetes de crèdit per a altres estafes. Les pèrdues podien ser milionàries. La Carla i la Penya dels Tigres estaven allà palplantats reflexionant. Això de no poder fer res perquè no fessin mal a una altra persona era insuportable.

Mentre pensava, en Lluc obria els arxius de l'ordinador. No és que hi busqués res, només anava mirant què hi havia.

En un moment donat, va trobar un document que potser podia resultar interessant. Va posar-s'hi a sobre amb el cursor i va clicar-hi.

De quin document es tractava?

La tossuderia de la Virgi

VAN OBRIR el document que contenia la llista, i els Tigres van enganxar els nassos a la pantalla, molt interessats. La Carla va obrir-se pas cap endavant i va escriure: *L'Àlex ha estat molt minuciós a l'hora d'escollir les persones per al seu experiment. Em sembla que ha fet una fitxa per cadascuna i tot.*

En Lluc va fer una ullada a les dades i va assentir. A la pantalla va aparèixer una llarga llista de noms, adreces, números de telèfon i descripcions.

Llavors en Pau va tenir una idea. Va escriure: *Potser l'home que ens vigila és una d'aquestes persones. Si trobem alguna descripció que s'hi assembli, hem d'anar a casa seva per veure si el senyor Sena està segrestat allà.*

Els altres van aixecar el polze de la mà en senyal d'aprovació.

En Lluc anava passant una fitxa darrere

l'altra. La Virgi, en Pau i la Carla llegien atentament. No obstant això, no van trobar res.

(1) Albert Sagués: 38 anys, estatura mitjana, cabells foscos, venedor d'ordinadors. Aficions: jocs violents.

(2) Robert Call: 42 anys, atlètic, ros, gerent d'una empresa. Aficions: *jogging*, volar en ala delta.

(3) Eduard Vila: 27 anys, baix, pèl-roig, entrenador. Aficions: motocròs.

(4) Frederic Comes: 48 anys, atlètic, amb barba i cabells bruns, protèsic dental. Aficions: jocs d'ordinador, recull gats de diferents espècies.

(5) David Mas: 29 anys, esportista, amb entrades, propietari de l'hamburgueseria Harrys. Aficions: ràfting, pònting.

(6) Gerard Trias: 37 anys, molt prim, estatura mitjana, cabells curts, programador. Aficions: els gossos.

(7) Víctor Lloses: 45 anys, molt gras, calb, cuiner.

Cap de les descripcions s'adeia amb l'home que els vigilava.

La Virgi va fer un senyal a en Lluc perquè li tornés a ensenyar les fitxes. Ell va fer-ho, però sense gaires esperances. La Virgi va examinar-les detalladament. Per fi, amb un somriure d'orella a orella va alçar la vista i va fer que sí amb el cap. Havia descobert una pista que als altres de seguida els va cridar l'atenció. En Pau i en Lluc van felicitar-la. Aquesta vegada la tossuderia de la seva amiga els havia fet servei.

La Virgi va escriure ràpidament: *En aquest edifici hi ha alguna porta per darrere?*

La Carla va fer que sí i va dibuixar en un moment una mena de plànol a la pantalla. La Penya dels Tigres havia d'anar al celler, i després recórrer un passadís llarg que conduïa a l'edifici veí. Allà hi havia una sortida que donava al carrer del darrere. Els Tigres van estirar els braços i van badallar fort.

–Oh, l'espera em posa nerviós. Em sembla que m'estiraré una estona! –va anunciar en Lluc.

–Nosaltres també –van dir els altres dos Tigres. Van moure cadires i mobles i van fer com si es fessin lloc per fer una becaina.

La Carla també va entrar en el joc. Així l'espia del carrer tindria una explicació de per què no sentia els Tigres durant una estona.

–Si passa alguna cosa us despertaré immediatament –va prometre la Carla picant l'ullet.

Al cap d'un moment els Tigres van sortir del pis de puntetes. Després d'uns minuts van poder sortir per una porta blau fosc que donava a un carrer tranquil. Encara no sabien on s'havien de dirigir. Però després de donar una volta van trobar l'adreça correcta en una cabina telefònica.

Cap on es dirigeix la Penya dels Tigres?

On és el senyor Sena?

–TAMBÉ podria ser una casualitat el fet que aquell home portés una jaqueta de l'hamburgueseria Harrys, penseu que només sospitem que és ell –va dir la Virgi darrere els nois.

–M'és igual –va fer en Lluc–. Hem de seguir totes les pistes encara que sembli que no serveixen de res. Potser tenim sort.

–D'aquesta manera s'han resolt els casos més importants –va recordar en Pau.

De fora, l'hamburgueseria Harrys semblava un gran autobús de dos pisos de color turquesa. A les finestres s'hi veia gent asseguda en taules petites menjant hamburgueses i patates fregides.

–Tinc gana –va queixar-se la Virgi, a qui se li sentien els budells.

–Primer la feina i després la diversió –va avisar-la en Lluc.

La Virgi va fer mala cara i va tombar el cap.

–I quina és aquesta feina, eh?

Això en Lluc tampoc no ho sabia gaire bé.

En Pau va tenir una idea. Ell entraria a l'establiment i preguntaria a la noia que servia taules. Portava la mateixa jaqueta que l'home de fora l'edifici del senyor Sena.

–Eh... dippensi'm! –en Pau es va fer passar una mica per tonto. La noia li va llançar una mirada plena de tensió–. Estic buscant el nostre veí. Treballa aquí.

El Tigre va descriure tan bé com va poder l'home del walkie-talkie.

–Aquest és el germà de l'amo –va contestar la noia–. I ni treballa ni fa res, el molt dropo. Ens treu de polleguera, es deu pensar que som esclaus!

–On el puc trobar? –va preguntar en Pau gens impressionat.

–Potser al seu despatx! –la noia va assenyalar una porta amb un cartell que deia *Privat*.

En Pau va donar-li les gràcies i va dirigir-se cap a la porta. A dins hi havia un passadís curt amb una porta a l'altre extrem que segur que donava al pati del darrere. Però també hi havia portes a la dreta i a l'esquerra. En una hi havia un cartell que posava *David Mas*, i a l'altre costat n'hi havia un altre que deia *Carles Mas*.

Després de respirar profundament, en Pau va trucar a una de les portes, però no va obtenir cap resposta. Es va endur una decepció quan va comprovar que la porta estava tancada. Llavors va alegrar-se en veure que al capdamunt de la porta hi havia una mena de finestra de vidre que deixava passar claror cap al passadís.

El Tigre va trobar una cadira per allà, va pujar-hi i per la finestra va poder fer un cop d'ull al despatx. Va pensar que feia l'efecte d'un magatzem d'embalatge d'un fabricant de CD-ROM.

Al despatx s'hi amuntegaven capses del *Dark City*. A més, també hi havia deu ordinadors pel cap baix. En Carles Mas havia preparat el joc en CD-ROM i hi havia gravat el programa dels pirates d'internet. Després tornaven a posar els CD-ROM dins les capses originals i els enviaven a les botigues d'informàtica. Segur que en Carles Mas tenia algun còmplice.

Però on era el senyor Sena? Bé devia estar segrestat en algun lloc! Com que aquest Carles era prou idiota per instal·lar el seu centre de reproduccions de CD-ROM al seu despatx, segur que també tenia presoner el senyor Sena en aquell edifici. Però on?

En Pau va obrir la porta que donava al pati. La pudor d'oli de fregir ranci li va donar una bufetada als narius. Just al costat de la porta hi apilaven els grans bidons d'oli passat. A més a més, en Pau també hi va veure un munt de caixes de cartró i com a mínim deu bosses d'escombraries plenes a vessar. I va ser llavors quan ho va sentir: eren uns copets molt fluixos i sords que venien d'un dels despatxos.

En aquell mateix moment va aparèixer en Carles Mas per la porta del pati. Quan va

veure en Pau li va canviar la cara. Durant un moment va quedar-se parat, molt sorprès, però llavors va córrer per atrapar-lo.

Com pot aturar-lo en Pau?

Minuts crucials

EN CARLES MAS estava boig de fúria. Veia que el seu pla estava en perill i volia enxampar en Pau més que cap altra cosa. Però el Tigre va reaccionar amb rapidesa i d'una manera que en Mas no s'esperava ni de bon tros.

Es va llançar amb totes les seves forces contra els bidons d'oli. Gràcies als seus músculs ben entrenats no va fer-se gens de mal. La segona vegada que va prendre impuls va aconseguir fer trontollar la pila de bidons, que van abocar-se i van fer que una cascada d'oli de fregir fosc i pudent cobrís el pati. Tot el que hi havia al voltant dels peus d'en Carles Mas va quedar ple d'oli.

Ell va fer un pas, va relliscar i va provar de mantenir l'equilibri amb els braços, però va tombar-se enrere i va caure a terra tan llarg com era.

Els bidons encara no eren buits, l'oli regalimava a poc a poc sobre el pati empastifat. En Carles Mas s'esforçava inútilment per tornar a posar-se dret.

En Pau va tancar la porta de cop i llavors va descobrir una clau. Va fer-la girar amb força.

–Senyor Sena, on és? –va cridar ben fort.

A l'instant va sentir-se una resposta que venia del despatx d'en David. Hi havia algú que picava a la porta des de dintre. En Pau va treure la clau i va mirar d'obrir la porta i entrar al despatx.

Va tenir sort, la porta es va obrir. El professor jeia a terra lligat, emmordassat, molt cansat i ple de suor. En Pau va agafar unes tisores de la taula i el va alliberar. Després va trucar a la policia. El senyor Sena ja estava sa i estalvi, però tot i així, encara quedava el banc, que també estava en perill. La policia no va dubtar de la versió d'en Pau i va ordenar que s'obrís una entrada que hi havia al darrere del banc i que hi deixessin entrar la Penya dels Tigres. En Lluc sabia quin era el codi per aturar una estona els pirates d'internet, i això ja era molt.

Quan van arribar al banc amb el cotxe patrulla que va recollir-los de l'hamburgueseria Harrys passaven tres minuts de les dues del migdia, i allà els esperava una sorpresa no gaire agradable.

Algú havia rebentat la porta del darrere.

–Vosaltres quedeu-vos aquí, els nostres companys us protegiran –va ordenar el policia que s'asseia al seu costat. Ell va entrar a l'edifici amb l'arma a la mà.

–Segurament el lladre ha marxat fa molt poc de l'edifici –va cridar en Lluc.

En Pau tan aviat tenia fred com calor. Si el lladre havia aconseguit posar en marxa el programa, els pirates d'internet ja devien haver-se activat. En aquest cas, tots els comptes del banc i la caixa cuirassada perillaven. El banc podia fer fallida, i tot per culpa seva. El cotxe de policia va portar els Tigres a casa d'en Lluc.

Al vespre tots tres van assabentar-se a les notícies del que va succeir després: la sospita

Com ho sabia, en Lluc, que el lladre havia estat al banc feia poc temps?

d'en Lluc va resultar ser certa. El lladre va marxar just abans que la policia entrés al banc. Gràcies al codi, van ser capaços d'aturar els pirates d'internet. La policia va declarar a la televisió com havien pogut acabar amb aquella aparició informàtica. En Carles Mas havia confessat el codi per desactivar el programa.

Després de sentir les notícies, els Tigres van sospirar decebuts. No havien esmentat els seus noms, tot i que ells havien resolt bona part del cas.

–Home, almenys el càstig que ens van posar ha tingut algun sentit –va consolar-se en Lluc–. Si no fos per nosaltres no haurien descobert als pirates d'internet!

Els seus amics hi estaven d'acord.

Una mica més tard el senyor Sena va trucar personalment i va donar-los les gràcies a tots tres per haver-lo salvat.

–Per cert, ja he iniciat els tràmits perquè us canviïn les pantalles que s'han fet malbé –va anunciar, i amb això va aconseguir que la Penya dels Tigres es posessin molt contents.

–A vegades els professors també hi són quan els necessitem –va xiuxiuejar en Pau en veu baixa.

–És que som bons de veritat! –va afegir la Virgi.

Llavors van cridar tots junts:

Som els Tigres,
som genials!
Podem resoldre
qualsevol cas!

Fitxa del cas

Els pirates d'internet

El quart membre de la Penya dels Tigres

(posa-hi el teu nom)

ha resolt aquest cas...

no — una mica — passablement — bé — molt bé — de primera

Lluc Virgi Pau

Nom: Thomas Brezina

Edat: 32

El meu fort: m'agrada molt escriure històries interessants i divertides que m'hauria agradat llegir de petit. Ja he escrit més de cent llibres. Sóc el presentador d'un programa de preguntes i respostes a la televisió i del joc d'investigació policíaca *La bona pista*.

El meu problema més gran: no tinc paciència, sóc molt desordenat i a vegades, quan m'estic inventant les meves històries, als meus amics els sembla que estic una mica trastocat.

Trobo fantàstic: els aparells electrònics curiosos i els ordinadors, el meu gos Putzi (que sembla un plomall amb potes), l'estiu i la llum del sol, els musicals i les pel·lícules.

Tret identificatiu: col·lecciono rellotges bojos. En tinc un, per exemple, que va cap enrere.

Web: www.thomasbrezina.com

Vols ajudar la PENYA DELS TIGRES a resoldre casos de misteri?

Un cas per a tu ...i la Penya dels Tigres

1 El Temple del Tro
2 El misteri de l'hípica
3 L'avió fantasma
4 Els robots cavallers
5 La Costa dels Esquelets
6 La maledicció del faraó
7 L'helicòpter del malson
8 Monstres invisibles
9 El vapor del Mississipí
10 El safari dels monstres
11 La góndola misteriosa
12 El casc de la calavera
13 Els Pantans Embruixats
14 Una mòmia al volant
15 La mà del monstre
16 La masmorra oblidada
17 Pirates extraterrestres
18 L'ull de foc
19 El cowboy sense cara
20 El misteri del casalot abandonat
21 El fantasma del camp de futbol
22 La màscara misteriosa
23 La muntanya maleïda
24 La nit dels ninja
25 Els pirates d'internet
26 El cementiri dels dinosaures

I no t'oblidis del SUPERCÀS de la Penya dels Tigres

1 Verí a l'escola
2 L'illa de les serps

MANUAL
DE DETECTIU